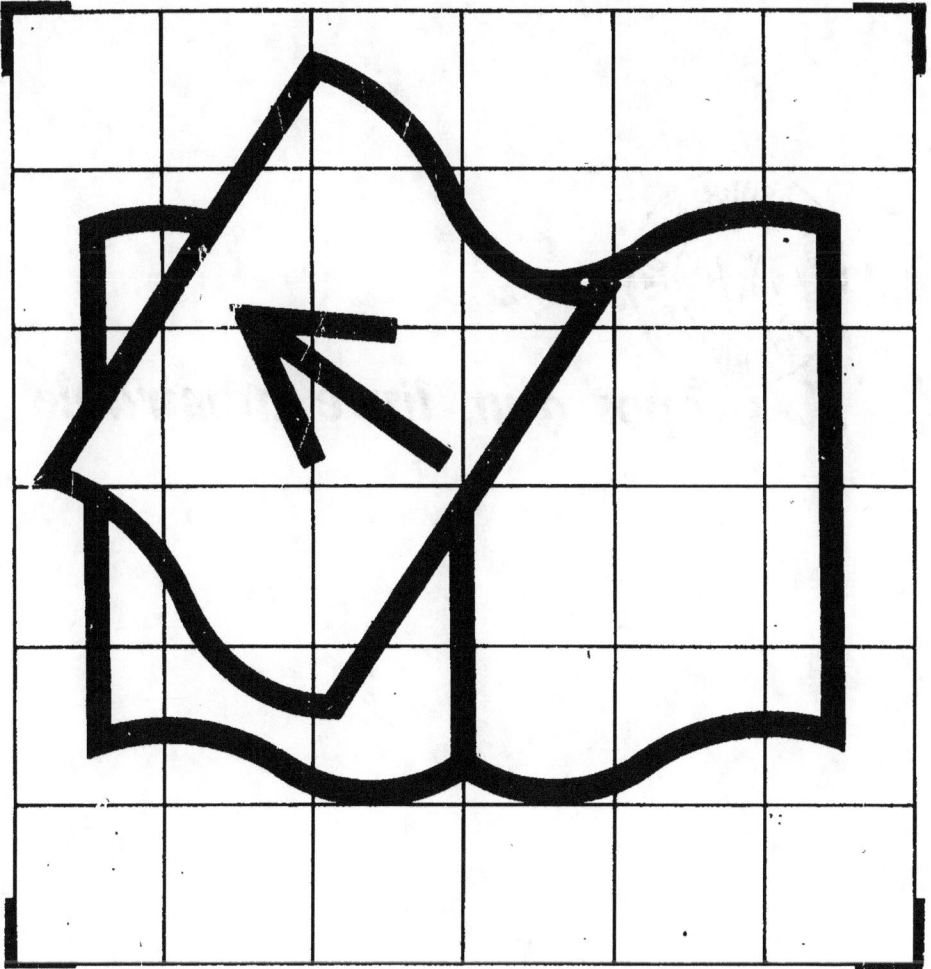

A propos d'un livre admirable

Saint-Amand (Cher). — Imp. Em. PIVOTEAU et Fils

DU MÊME AUTEUR

Le dimanche au village (conférences et lectures),
Essai sur Paul Verlaine,
Jours de tendresse,
Les Poètes du Berry,

POUR PARAITRE :

Essai sur Renan.

En marge de mon humble vie.

Histoire du peuple de France (cours élémentaire et moyen des écoles primaires).

Le Naturisme et Saint Georges de Bouhélier.

Adèle Chaibim

A propos

d'un

livre admirable

PARIS (XVe)
BIBLIOTHÈQUE DE L'ASSOCIATION
91, Rue Lecourbe, 91

1906

A Félix Courbier,

j'offre sympathiquement cette confé-
rence qui est une manière de médi-
tation sur les religions.

A. C.

I

La descendance de l'homme d'une lignée de
primates de la période tertiaire, n'est plus une
vague hypothèse, mais un fait historique

L'importance incommensurable qu'offre cette
connaissance certaine de l'origine de l'homme
s'impose à tout penseur impartial et conséquent,

ERNEST HAECKEL.

Les recherches scientifiques dans la résolution des
problèmes les plus élevés de la sociologie et de la
philosophie pure ont commencé au xviiie siècle
dès que la pensée libre a pu s'affranchir du joug
du despotisme royal et de l'ultramontanisme.
Mais c'est surtout dans la seconde moitié du
xixe siècle que les plus belles rénovations se rappor-
tant à ces conceptions humaines ont eu lieu. Chaque
jour a connu quelque découverte nouvelle. La por-
tée immédiate en échappait souvent à ses auteurs.
Mais par la suite elle faisait sombrer les dogmes les
mieux affermis et renversait les croyances anciennes,

Elle substituait ainsi à de prétendues vérités, des vérités réelles, sinon absolues, tout au moins s'appuyant sur quelque chose de moins fictif que le *credo quia absurdum* des religions révélées

Cependant, c'est bien lentement avec des retours pénibles vers le passé que les progrès se sont accomplis et que les faits expérimentaux ont pris leur véritable signification.

.·.

Newton, l'immortel génie qui expliqua les lois de la gravitation ne pouvait se faire à l'idée d'un monde de matière qui se mût de lui-même et sans l'intervention d'une puissance extérieure.

Le grand Cuvier dont l'étude l'amena à reculer, bien qu'il fut fervent bibliste, les limites de la création des êtres au delà des 5.000 ans fixés par la révélation, préférait s'imaginer une multiplicité de genèses plutôt que d'admettre que l'homme fut la suite naturelle d'une série de transformations animales.

.·.

Une découverte récente fera saisir toute l'importance des questions scientifiques au point de vue philosophique.

Naguère, la plupart des savants n'osaient prétendre que les substances organiques, les composés de la matière vivante comme l'acide formique, l'acide butyrique, l'éther, etc , pouvaient être d'une

nature semblable aux substances inorganiques
comme le sulfate de fer, l'eau, l'acide carbo-
nique. Ils croyaient à l'existence de la *force vitale*.
Ils disaient : « Vous arrivez bien à analyser les ma-
tières organiques, à les dédoubler en plusieurs
autres. Mais êtes vous jamais parvenu, avec ces der-
nières à recomposer leurs éléments, à les recréer ?
Non, parce que c'est impossible. Parce que l'être vivant seul peut élaborer les produits de la vie. Et cela
parce que la vie est d'une autre essence que le mé-
canisme des choses. Parce que l'être organique est,
lui aussi, d'une nature tout autre que celle des objets
qui l'entourent. Parce que l'homme est différent en
principe des autres êtres. »

Or, depuis, l'admirable Berthelot a répondu à ces
triomphants arguments en faisant la synthèse de l'al-
cool par des procédés de laboratoire.

* *

Il est indéniable que la science expérimentale a
une influence sur la philosophie spéculative.

L'une découle de l'autre et l'une consolide l'autre
par deux procédés, l'un de destruction, l'autre d'édi-
fication, en faisant table rase des acquis d'imagination, en apportant des vérités nouvelles propres
à transformer nos croyances sur la nature des
choses.

L'antiquité a été loin dans l'intuition philosophique. Elle a entrevu l'existence de l'éther avec Empédocle; la translation de la terre avec Aristarque, la pluralité des mondes habités, etc. Mais son erreur précisément est d'avoir dédaigné la méthode expérimentale propre au contrôle des hypothèses pour l'étude de la seule logique métaphysique.

Il a fallu dépasser le moyen-âge et arriver à François Bacon et à son *Novum Organum* pour obtenir une juste appréciation de la valeur des faits dans le domaine de la spéculation.

Depuis, des progrès sans nombre se sont réalisés. On peut dire qu'il existe aujourd'hui un fonds suffisant de vérités acquises pour se substituer aux conceptions dogmatiques des temps anciens.

Nous empruntons à l'œuvre d'un philosophe scientifique Ernest Haeckel, surnommé le professeur d'Iéna, le résumé de nos connaissances actuelles.

Ce grand homme, le premier à la suite de Darwin, a tenté de reconstituer l'enchaînement de nos origines.

Au déclin d'une existence toute de labeur il vient de publier un livre admirable : *Les Enigmes de l'Univers*. C'est là, pour ainsi dire, un acte de foi rationel.

Comme c'est peut-être Haeckel, dont l'esprit représente avec le plus de justesse et de modération, l'état d'âme de la science et de la philosophie progressive au seuil de notre avenir, l'analyse que nous allons faire de l'œuvre dernière de sa pensée, œuvre qui résume toutes ses œuvres précédentes (1), portera peut être des fruits salutaires.

Haeckel définit d'abord l'immense pas que la science a fait dans la seconde partie du XIXe siècle en ce qui concerne la connaissance de la nature. Puis il constate qu'en regard, nos institutions politiques et sociales sont restées dans un état voisin de la primitive barbarie.

La justice n'est pas « en harmonie avec notre connaissance de l'homme et du monde ». Elle est comprise souvent en dépit du bon sens par des juristes sans profondeur. Les organisateurs de l'Etat n'ont aucune notion de la nature des sociétés cellulaires qui constituent l'individu. Ils ne connaissent que « superficiellement l'organisme humain et sa fonction la plus importante : l'âme ».

Quant à l'organisation de l'Etat elle ne pourra devenir meilleure que lorsqu'elle sera affranchie des chaînes de l'Eglise. Au point de vue de l'éducation il demande qu'on amène à un niveau plus élevé par une culture scientifique universellement répandue, les connaissances des citoyens. Car « les sciences natu-

(1) L'Histoire naturelle de la création.
L'Anthropogénie.
Le Monisme.

relles qui l'emportent tellement sur toutes les autres
sciences qu'à y regarder de près elles absorbent en
elles toutes les branches de la culture intellectuelle,
ne sont encore considérées dans les écoles que
comme une étude secondaire ou reléguées dans un
coin comme Cendrillon. »

L'Eglise « cette ennemie de la civilisation » offre
sans contredit le summum du contraste avec la culture moderne et ce qui en fait la base, c'est-à-dire
la connaissance approfondie de la nature. Au lieu
du droit, de la raison et de la joie, règnent, grâce à
elle, la superstition, l'abêtissement, la tristesse et les
larmes.

Tous les vieux dogmes dont l'influence persiste
sur les générations, toutes les croyances qui font de
la terre le centre du monde, de l'homme le centre
de la création, de l'âme humaine l'image d'un pré-
tendu Dieu que les spiritualistes se représentent
(l'homme étant à son image) comme un *vertébré
gazeux*, sont en complet désaccord avec les vérités
acquises par la science. Voici quelles sont ces vérités :

1° L'Univers est éternel, infini et illimité.

2° La substance qui le compose, avec ses deux
attributs matière et énergie, remplit l'espace infini,
et se meut perpétuellement.

3° En se mouvant le monde se transforme, évolue.

4° Des mondes meurent et des mondes naissent

constamment et les innombrables corps célestes dispersés en l'éther sont soumis à l'immuable loi de leur substance qui est la loi de substance.

5° Notre soleil n'est qu'un grain de la poussière embrasée des mondes et notre terre un atome de la poudre des mondes éteints qui sont innombrables.

6° Notre planète a traversé une longue période de refroidissement avant que l'eau s'y condensant en gouttes liquides n'ait réalisé la condition nécessaire de toute vie organique.

7° C'est par un processus de lente transformation ayant exigé plus de cent millions d'années que de grumeaux de substances vivantes se sont édifiées les espèces végétales et animales.

8° Parmi les groupes d'animaux le groupe des vertébrés a finalement, dans la lutte pour la vie, cause active des évolutions, dépassé de beaucoup les autres groupes.

9° Dans son sein et à une époque relativement récente si on la compare à l'immensité des périodes géologiques, descendant des reptiles primitifs et des amphibies, la classe des mammifères a pris le premier rang.

10° A une époque encore bien plus récente (1) sorti du sein de la classe précédente, l'ordre des primates

(1) Début de la période tertiaire ; au moins trois millions d'années.

(singes et hommes) est issu par transformation des placentaires inférieurs (1).

11° Vers la fin de la période tertiaire, issue du groupe des Primates par les singes anthropoïdes (comme les chimpanzés) est apparue l'espèce humaine, l'espèce animale la plus parfaite.

12° Il en résulte que la prétendue histoire du monde — celle par exemple, rapportée par la Bible et commençant il y a cinq mille ans au plus — ne serait, en la supposant exacte dans les faits, qu'une minute de l'histoire de la Terre, comme la Terre n'est qu'un grain de poussière dans l'infini et sur la Terre, l'homme, un microscopique grain de plasma.

**

On peut différer d'opinion sur les détails de l'enchaînement de ces douze affirmations. Mais il est rationnellement impossible de ne pas les considérer comme des vérités démontrées, acquises, irréfutables. Malgré leur incontestable valeur il en est qui ne les accepteront pas sans conteste.

L'idée que l'homme puisse descendre du singe, du marsupial, de l'amphibie, du ver, de moins encore, d'un microscopique fragment de gelée vivante ré-

(1) Animaux à placenta. Le placenta est une partie spéciale des organes de nutrition de l'embryon animal. Les mammifères, marsupiaux et les animaux qui leur sont inférieurs n'ont pas de placenta.

pugne à la fausse conception de dignité dont le catholicisme nous a tous imprégnés dans l'enfance.

Qu'il me suffise provisoirement de dire que tout esprit sans préjugés ne peut douter qu'il en soit ainsi après une étude consciencieuse, même très abrégée, de l'anatomie comparée de l'homme et des animaux vivants et fossiles. L'embryon humain possède visiblement à un instant donné de son existence les cinq arcs branchiaux et les bourgeons des nageoires des poissons, comme il possède visiblement à un instant précédent de sa vie l'organisation d'un protozoaire très inférieur.

* *

« C'est une opinion encore très répandue, écrit le Philosophe d'Iéna, qu'en dehors de la divine raison il y a en outre deux autres modes de connaissance (plus importants même va-t-on jusqu'à dire !) : le *Sentiment* et la *Révélation*. Nous devons, dès le début, réfuter cette dangereuse erreur. Le *Sentiment n'a rien à démêler avec la connaissance de la vérité.* Ce que nous appelons « *sentiment* » et dont nous faisons si grand cas, est une activité compliquée du cerveau, constituée par des émotions de plaisir et de peine, par des représentations d'attraction et de répulsion, par des aspirations du désir passager. A cela peuvent s'adjoindre les activités les plus diverses de l'organisme : besoin des sens et des muscles, de l'estomac et des organes génitaux, etc... La connaissance de la vérité n'est en aucune manière ce que réclament ces complexus qui constituent la statique et la dynamique sentimentales ; au contraire, ils troublent souvent la raison seule capable d'y atteindre et ils lui nuisent à un degré souvent sensible. Aucune des *Enigmes de l'Univers* n'a encore été résolue ni même sa solution réclamée par la fonction cérébrale du sentiment. Nous pouvons en dire autant de la soi-disant révélation et des prétendues *vérités de la foi* qu'elle nous fait connaître ; tout cela repose sur une illusion consciente ou inconsciente. »

D'ailleurs, pour ce qui est de la révélation, il suffit d'opposer un nombre égal de ses affirmations aux affirmations que nous avons citées.

Nous avons dit :

1º L'Univers est éternel, infini et illimité.

2º La substance de l'Univers dont la matière et l'énergie ne sont que des attributs différents, se meut perpétuellement.

La révélation nous enseigne que :

1º L'Univers a été créé de rien par Dieu, il y a cinq mille ans.

2º La matière grossière ne saurait se mouvoir d'elle-même. Elle est mue par Dieu qui est partout et qui est cependant en dehors d'elle. Dieu est le créateur du ciel et de la

3° L'Univers se mouvant, évolue.

4° Des mondes meurent et des mondes naissent constamment et les innombrables corps célestes dispersés en l'éther sont soumis à l'immuable loi de la substance.

5° Notre soleil n'est qu'un grain de la poussière

terre et le souverain seigneur de toutes choses (1).

2° Dieu a fixé le destin de chaque chose qu'il a créée et il a notamment créé les espèces organiques et non évoluables telles qu'elles sont et resteront (2).

4° Puis Dieu dit : « Qu'il y ait des luminaires dans l'étendue des cieux pour séparer la nuit d'avec le jour, et qui servent de signe pour les saisons et pour les années. » Et ainsi fut. Ce furent les étoiles.

5° Dieu fit deux grands luminaires : le plus grand

(1) La matière est donc un terrain grossier que possède un *vertébré gazeux* infiniment parfait, qui le fertilise à son gré et lui fait produire toutes les récoltes imparfaites d'injustice et de cruauté qui le constituent.

(2) Dans cette création qui ne peut être différente de ce que le Dieu du christianisme l'a faite parce qu'il l'a faite, l'homme cependant qui bien ou mal agit est responsable de ses actions, ce qui est absurde. En outre les miracles peuvent bien suspendre le cours naturel des destins immuables, ce qui est en opposition avec la grandeur divine condescendant à des puérilités.

embrasée des mondes et notre Terre un atôme de la poudre des mondes éteints qui sont innombrables.

6° Notre planète a traversé une longue période de refroidissement avant que l'eau s'y condensant en gouttes liquides n'ait réalisé la condition nécessaire de toute vie organique.

7° C'est par un processus de lente transformation ayant exigé plus de cent millions d'années que de grumeaux de substances vivantes se sont édifiées les espèces végétales et animales.

8° Parmi les groupes d'animaux le groupe des vertébrés a finalement,

pour dominer le jour : ce fut le soleil (1), et le moindre pour dominer la nuit : ce fut la lune. Ainsi fut le soir, ainsi fut le matin.

6° Après avoir créé la lumière le premier jour, le second, séparé les cieux des eaux ; le troisième Dieu sépare les eaux de la Terre.

7° Dieu dit : « Que les eaux produisent en toute abondance des animaux qui se meuvent et qui aient la vie et que les oiseaux volent sur la terre, vers l'étendue des cieux. »

8°. Dieu bénit les animaux qu'il avait créés disant : « Croissez et multi-

---

(1) D'après la Bible le soleil, flambeau de la Terre plate, tourne autour d'elle. C'est pourquoi Josué, en l'arrêtant dans sa course, permit aux Hébreux de gagner une bataille.

dans la lutte pour la vie, cause active des évolutions, dépassé de beaucoup les autres groupes.

9° Dans son sein et à une époque relativement récente, si on la compare à l'immensité des périodes géologiques, descendant des reptiles primitifs et des amphibies la classe des mammifères a pris le premier rang.

10° A une époque encore plus récente (début du tertiaire au moins 3.000.000 d'ans) sorti du sein de la classe précédente, l'ordre des primates (singes et homme) est issu par transformation des placentaires inférieurs.

11° Vers la fin de la période tertiaire issue du groupe des Primates par les singes anthropoïdes est apparue l'espèce humaine, l'espèce animale la plus parfaite.

pliez et remplissez les eaux dans les mers et que les oiseaux multiplient sur la terre. »

9° Puis Dieu dit : « que la terre produise des animaux vivants selon leur espèce ; les animaux domestiques, les reptiles et toutes les bêtes selon leur espèce. » Et ainsi fut.

10° et 11° Dieu dit : Faisons l'homme à notre image, selon notre ressemblance et qu'il domine sur les poissons de la mer, sur les oiseaux des cieux, sur les animaux domestiques et sur toute la terre et sur tout reptile qui rampe sur la terre. » Et Dieu créa ainsi l'homme à son image.

12° Il en résulte que la prétendue histoire humaine celle qui représente l'homme en sa civilisation primitive n'est qu'une minute de l'histoire de la Terre, comme la Terre n'est qu'un grain de poussière dans l'infini et, sur la Terre, l'homme un microscopique grain de plasma.

12° Ainsi les cieux et la terre furent achevés et toute leur armée. Et Dieu eut achevé au septième jour l'œuvre de la création Et il se reposa le septième jour de toute l'œuvre qu'il avait faite.

Ce qui frappe, au premier abord, dans cette prétendue révélation, c'est l'accord parfait de ses affirmations avec les idées courantes de la science il n'y a pas encore cent ans. Le premier chapitre de la genèse qui précède la légende du Paradis terrestre n'est nullement une chose ridicule comme certains esprits qui aiment l'exagération se complaisent à l'affirmer. La cosmogonie mosaïque est infiniment supérieure à celle des peuples primitifs, des peuples encore sauvages. Il est fort probable que Moïse, élevé à la cour d'un Pharaon, l'avait empruntée aux Egyptiens très versés dans la philosophie. Et sa conception, il faut bien l'avouer, ne manque pas de grandeur. Ceux-ci, en construisant leurs pyramides n'ont pu ignorer les fossiles marins des pierres, recueillis au faite des montagnes. Ils en ont conclu que la terre fut un jour entièrement couverte par les eaux et que la vie a eu une origine marine. Ils ont reconnu même une certaine succession dans l'échelle animale. Mais ils ont admis la fixité, l'immuabilité de chaque espèce, précisément comme on le croyait avant Darwin, et comme on le crut encore après que Lamarck eut entrevu la descendance de l'homme.

Si quelque Elie de Beaumont leur eut enseigné le classement des terrains par ordre d'antiquité ils n'auraient pas fait naitre les oiseaux avant les poissons ni les reptiles après les oiseaux Si l'ensemble des faits de l'embryogénie leur eut été abordable à l'aide du microscope, si l'anatomie n'eut pas eu plus de mystère pour eux que pour nous, ils auraient été capables de comprendre le transformisme.

Et le dogme de la fixité des espèces si nettement affirmé par le Dieu des Juifs eut été banni de la Genèse. Mais il n'en a pas été ainsi. Et la Genèse révélée n'est rien autre chose qu'un délicieux poème qu'un seul homme a pu concevoir. Il y a là un mélange d'absurdité et de logique, de science et d'ignorance, de naïve maladresse et d'habileté qui ne laisse aucun doute sur son origine.

Pour s'en convaincre il suffit de relire attentivement la légende d'Adam et Eve dans le Paradis terrestre où le serpent par punition est condamné à ramper sur la terre et l'humanité condamnée au travail pour une désobéissance puérile par un Dieu infiniment bon.

Tout cela est ineffablement enfantin. C'est là un poème conçu pour un peuple précisément dans l'enfance au point d'être capable d'accepter d'innocents radotages comme des révélations sacrées.

*
* *

Il est bien certain aujourd'hui que l'homme n'a pas été créé avec la figure et l'anatomie qu'il possède. Il ne diffère pas dans son essence des autres animaux dont la formation embryogénique est, à son début, tout à fait semblable à la sienne.

Gœthe en acquit la certitude en regardant nager une grenouille. Et frappé qu'il fut par l'analogie de son organisation musculaire avec celle d'un homme il se convainquit de la parenté de ces deux espèces animales.

Quelques années après Lamarck exprima son opinion de l'instabilité des formes animales et de leur transformation graduelle à travers l'immensité des siècles. Il constata qu'à la longue d'une espèce définie peut naître une espèce animale tout à fait différente. Puis vint Darwin. Lui, avait étudié profondément la sélection artificielle dont les éleveurs et les horticulteurs se servent constamment pour

transformer des variétés d'animaux ou de plantes
en d'autres variétés. Il émit cette hypothèse que la
nature pouvait fort bien employer des procédés
analogues pour transformer la variété d'une espèce
en une autre espèce.

Et voilà encore qu'avec le perfectionnement des
instruments d'optique, l'étude du développement
de l'embryon devenant plus facile, les savants
grâce aux méthodes d'observation, arrivaient à des
résultats inattendus.

Non seulement l'enchainement hiérarchique des
espèces de la nature actuelle se retrouvait dans la
succession des époques préhistoriques mais encore
dans l'embryon de l'animal.

L'homme lui-même, partant d'un œuf qui est une
cellule toute semblable par son organisation à des
cellules libres qui sont de véritables animalcules,
passait pour arriver à son complet développement
par une série de métamorphoses analogues à celles
des papillons.

Comme eux il revêtait l'organisation d'un ver à
un instant donné de son existence. Plus tard il
portait des traces visibles de l'anatomie des poissons,
des amphibies, des mammifères supérieurs, des
singes.

Tout cela n'était-il pas démonstratif?

Mais il y a plus. L'animal humain subit en ses
métamorphoses les transformations abrégées de ses

ancêtres. Mais le cerveau de l'homme, l'organe de son âme, de sa pensée suit des développements analogues dans sa formation.

« Les grands progrès de l'anatomie et de la physiologie, de l'histologie et de l'ontogénie en ces derniers temps, écrit Ernest Haeckel, ont enrichi nos connaissances relatives à l'appareil psychique d'une foule de découvertes intéressantes. Chacun des animaux supérieurs possède son organe psychique, son âme propre ; chez chacun le système nerveux central est caractérisé par une forme, une situation et une constitution spéciales. Parmi les Cnidiés rayonnés, les méduses présentent un anneau nerveux au bord de l'ombrelle, pourvu le plus souvent de quatre à cinq ganglions (renflements nerveux représentant le cerveau chez les animaux inférieurs.) Chez les Echinodermes (oursins, crinoïdes) à cinq rayons la bouche est entourée d'un anneau nerveux duquel partent cinq troncs nerveux.

Les vers possèdent un ganglion cérébroïde composé d'une paire de ganglions situés au-dessus de la bouche (côté du dos) ; de ces ganglions partent latéralement deux troncs nerveux qui se rendent à la peau et aux muscles .. Chez les mollusques s'ajoute aux ganglions côté dorsal une paire de ganglions côté ventral, reliés aux premiers par un anneau qui entoure l'œsophage.

Les vertébrés, dont fait partie l homme. présentent
une disposition contraire. Chez eux on trouve
toujours du côté dorsal une moëlle dorsale et c'est
d'un renflement de la partie antérieure de cette
moëlle que naît le cerveau caractéristique en forme
de vésicule ».

Malgré ces différences, l'anatomie comparée
indique à toutes ces diverses organisations psychiques une origine commune. « qu'il faut chercher
dans le ganglion cérébroïde des vers ».

C'est là l'ancêtre préhistorique de l'organe de
l'âme humaine. Ainsi l'homme n'est qu'un descendant perfectionné des vers.

Et qu'est-ce que l'âme des animaux supérieurs
sinon un ensemble de propriétés vitales actives des
cellules nerveuses ? Car il n'est pas nécessaire
qu'une cellule soit nerveuse pour sentir et pour être
psychiquement impressionnée.

Les animaux qui ne ossèdent ni cerveau, ni
système nerveux sentent et se meuvent comme ceux
qui leur sont supérieurs.

Mais l'organisation spéciale des cellules plus
aptes à la sensation chez ceux-ci s'enchaine à une
complication spéciale de la sensation qui constitue
l'activité psychique, l'activité de l'âme consciente.

« Si donc on accorde à l'âme humaine (1) une

(1) Ernest Haeckel.

« immortalité personnelle » il faut l'attribuer aussi à l'âme des animaux supérieurs, au moins des mammifères les plus proches de l'homme (singes chiens). Car l'homme ne se distingue pas d'eux par une nouvelle *sorte* de fonction psychique spéciale n'appartenant qu'à lui — mais uniquement par un *degré* supérieur d'activité psychique, par le plus grand perfectionnement, du stade d'évolution atteint. Ce qui est surtout plus perfectionné chez beaucoup d'hommes — mais pas chez tous ! — c'est la *conscience*, la faculté d'associer des idées, la pensée et la raison »

On a beaucoup discuté de la nature spéciale de cette activité chez l'homme. Les religions ont un trop grand besoin que l'on croie à son essence supra-naturelle pour ne pas défendre par tous les moyens le dogme de l'immortalité de l'âme individuelle. Le corps visiblement se désagrège et se détruit Il échappe par le néant aux menaces des punitions qu'on pourrait lui infliger. Il est plus difficile de démontrer à ceux qui ne jugent que par les sens que l'âme ne survit pas, que lorsque le corps est mort, l'individu est bien mort avec lui. On ne voit pas mourir l'âme, donc l'âme est immortelle. C'est elle qu'on menace de tous les courroux dans l'autre monde si elle ne consent pas à se soumettre dans celui-ci aux puissances sociales parasitaires qui spéculent sur l'ignorance humaine. Et cependant il est bien acquis que son activité comme toutes les activités n'est ni égale, ni constante, Le sommeil, l'action des stupéfiants, tous les influents agissent sur elle comme sur une matière palpable pour l'anesthésier, l'annihiler, détruire au besoin sa conscience d'être,

———

II

Qu'est la religion ? L'abime et ses fumées.
. . . . Un exemplaire
De l'impuissance ayant 'pour appui la colère.

VICTOR HUGO.

...Et cela durera jusqu'au jour
Où la science aura pour but l'immense amour,
Où partout l'homme, aidant la nature asservie
Fera de la lumière et fera de la vie.

V. H.

Après un examen consciencieux de ces faits on ne
peut plus croire à la réalité d'un Dieu personnel. On
ne peut plus croire à l'immortalité de l'âme. On ne
peut plus croire à son essence surnaturelle et au libre
arbitre. On n'ose même plus affirmer l'existence
d'une loi morale créant au cœur de l'homme le
désir du bien comme l'assure Jean-Jacques Rousseau.

Mais si rien de cela n'existe, si les croyances
humaines, considérées comme sacrées : foi en Dieu,
croyance en une vie meilleure, sont fausses, que
restera-t il aux sociétés pour édifier la morale
nécessaire ?

Laissons de côté, pour un instant, la question morale qu'on fait découler généralement de la religion, pour ne considérer que le sentiment religieux. Le sentiment religieux n'est pas autre chose qu'un état spécial de l'âme humaine qui s'efforce à considérer son destin ou sa nature sous un jour de grandeur consolatrice afin d'y puiser la force nécessaire à son évolution. C'est un élan vers l'idéal. C'est un effort vers l'optimisme dont sont incapables les natures grossières. Rien ne ressemble moins au sentiment religieux que la superstition qui est le propre précisément des tempéraments trop primitifs.

Le sentiment religieux ne peut être raisonné. Il est susceptible de coexister avec le doute.

La foi aveugle n'est que du mysticisme extatique, une auto-suggestion banale, une sorte d'ivresse, analogue à l'ivresse matérielle. La bigoterie c'est de l'alcoolisme psychique. Et rien ne s'éloigne plus du sentiment religieux élevé que l'état d'esprit dogmatique.

Le sentiment religieux rationnel a sa seule source dans l'amour du Vrai, du Bien et du Beau.

Le Dieu des chrétiens est un Dieu punisseur et abominablement injuste. Proudhon a dit : « Dieu c'est le mal ». Ce n'est donc pas en lui que les hommes peuvent désormais mettre leur confiance Le ciel « ce lieu de délices » leur est à tout jamais

fermé. Il ne leur reste plus que notre « vallée de
larmes » dont ils feront aussi une belle vallée de vie.
Ils n'ont qu'à aimer de toute leur âme le coin heureux où la destinée les place. C'est en eux-mêmes
qu'ils doivent puiser la volonté de vivre « puisqu'ils portent tous Dieu en eux comme dans un
temple » (1). Qu'ils apprennent à se mieux connaître,
qu'ils s'entr'aident, qu'ils bannissent la haine de leur
horizon quotidien. Bientôt la solidarité fleurira
comme une lente et douce fleur. Elle deviendra leur
unique religion. Car ils arriveront à l'élévation
morale. Et celle-ci rendra possible, éternisera
l'union étroite des intérêts qui leur sont communs.

Mais sur quoi baser la morale de cette solidarité ?
Ce n'est certes pas sur le mythe de la divinité
chrétienne. C'est donc sur la science ? Alors suivant
quels principes ?

∴

Beaucoup s'imaginent qu'il est impossible à une
société d'édifier sa morale autrement que sur les
bases de données scientifiques, de théories cosmogoniques, ou de systèmes religieux.

Sapé de toutes parts le catholicisme qui a dupé
les foules est en train de s'écrouler. Et ceux même
qui ont aidé à donner le salutaire coup de pioche
dans ses ruines, se demandent avec anxiété ce que

(1) Eugène Montfort.

demain doit reconstruire. Car, disent-ils, il ne suffit pas de démolir, il faut aussi réédifier. Et déjà les grands mots de morale scientifique, de science base de la morale, de science rénovatrice des mœurs se mêlent aux mots de justice, de solidarité, d'altruisme, d'avenir meilleur.

En réalité si la science peut servir à l'ébranlement des dogmes elle est totalement incapable d'en édifier de nouveaux.

Et, à l'extinction des religions, ceux qui rêvent de la substituer au catholicisme pour servir de base à la morale et à la politique sont en train de recommencer, tout bonnement et avec les meilleures intentions du monde, l'erreur qui a donné naissance aux religions.

⁂

La science moderne, au point de vue philosophique, aboutit à l'unisme, au monisme, à l'unité de principe des choses. Or le monisme est vieux comme le monde. Dans une antiquité presque fabuleuse, à l'éclosion des premières civilisations, et sûrement avant le vi° siècle qui précède notre ère, on le voit éclore avec le syncrétisme de l'école hindoue Vedanta. Si l'on dégage en effet, des croyances des primitives humanités, ce qui sert de support au mysticisme pour ne conserver que ce qui peut être envisagé rationnellement, l'idée d'une

substance emplissant l'espace et qui dans son indé-
terminé est le germe d'éclosion de toutes les formes
corporelles, la philosophie hindoue n'est plus que
du monisme pur sans définition d'atomes ni d'éther.

Or, c'est précisément sur les bases de ce monisme
que se sont érigées plus ou moins directement la
plupart des grandes religions. C'est par une dévia-
tion du sens primitif de cette philosophie, avec la
conception « d'une hiérarchie des émanations de l'universelle substance » que s'est élaborée une morale
qui justifiait la « hiérarchie des castes. »

Si donc de deux systèmes philosophiques qui ont
un même point de départ, 1 un, le plus ancien du
monde et l'autre, le plus récent, on peut tirer,
tour à tour, des conclusions, soit en faveur d'une
association sociale aristocratique, soit en faveur
d'une organisation égalitaire, c'est que la philosophie
pure est en antinomie avec la morale, de même
que la morale est indépendante de toute croyance
philosophique ou religieuse.

Il ne saurait en être autrement. La philosophie
est exclusivement basée sur la raison. La morale est
surtout basée sur le sentiment. Le but de la philosophie pure est la recherche de la vérité. Celui de la
morale est la recherche des moyens. Ce sont les
religions qui forment le lien factice entre elle et la
philosophie. Et ce serait affranchir l'esprit humain
que de briser les chaines qui les rattachent ensemble.

La morale est une chose de convention, d'utilita-
risme. Elle ne peut être exclusivement rationnelle.
Toute la morale pratique, en même temps qu'à la
raison, fait appel au sentiment.

Elle dit à la raison : « Voilà les faits par lesquels
le bonheur humain se réaliserait si l'humanité se
gouvernait de telle et telle manière ».

Elle dit au sentiment : « L'égoïsme exclusif est
la cause des luttes douloureuses. Au lieu de la lutte,
l'union, l'amour. Aimez-vous profondément les uns
les autres »

Après des hésitations, des tâtonnements, elle
arrive à préciser : « Organisez une société dans
laquelle tout serait à tous ».

Et quand elle se heurte à la routine, aux préjugés
dont naissent les doutes de possibilités meilleures,
elle ajoute : « Tout est possible. Et ce qui est vrai
pour l'homme est ce que l'homme a su créer ».

La morale suivant le mot d'Aristote, c'est l'*intérêt
général*. Je ne croit pas que ce soit autre chose. Ses
vérités sont toutes relatives. Et les vérités morales
seraient les mêmes si le monde au lieu de posséder
le mouvement de toute éternité avait été créé par
Dieu, si le monde au lieu de se résoudre à la
substance universelle emplissant l'espace était formé
d'atomes évoluant dans le vide absolu ou encore si
la science s'était contentée de découvrir des sérums
au lieu d'inventer des obus.

La philosophie pure, celle qui prend l'absolu pour but de ses recherches, ne rend l'homme ni meilleur, ni pire. Elle le rend plus conscient dans le mal comme dans le bien, plus puissant dans ses moyens d'affranchissement ou d'oppression. Et il en est de même de la science.

Les vérités scientifiques n'ont que des rapports tout à fait secondaires avec le gouvernement des peuples. Dès qu'on veut se servir d'elles pour étayer la morale on est obligé suivant le procédé des religions, de créer entre elles et la sociologie un lien de soi-disant vérités, dont la somme n'est qu'une lourde erreur.

De même que nous avons vu le monisme servir de base à travers les siècles à des morales contraires, de même des théories les plus récentes de la science, nous voyons se dégager deux tendances contradictoires.

Dans la seconde moitié du xixe siècle, Lamarck nous a révélé le transformisme. Suivant cette théorie nous l'avons vu, les animaux supérieurs en général et l'homme en particulier ne seraient que le résultat des transformations lentes d'espèces inférieures.

Plus récemment encore, Darwin a démontré que les transformations organiques s'accomplissaient par une série de sélections lentes et que la cause la plus énergique de ces sélections était la difficulté de vivre qui forçait les organismes, pour se conserver

et avoir de plus grandes chances de générer leur espèce, de s'adapter à leur milieu.

De cette affirmation : « La vie est une lutte » à
celle-ci : « La lutte est un devoir » il n'y a qu'un
pas. Et l'on comprend quelle impitoyable morale
peut s'édifier sur de pareilles maximes.

Mais de cette autre affirmation : « Les espèces su-
périeures sont le fruit de sélections et le progrès
consiste à s'élever par un éloignement des procédés
primitifs de la nature, non en imitant celle-ci dans sa
monstrueuse insensibilité, mais au contraire en la
sublimant » on peut tirer que ce n'est pas la lutte
qui est le devoir, mais l'union en vue du progrès,
l'amour en vue du bonheur.

En vérité, ces deux morales existaient sous une
autre forme bien avant la découverte du transformisme. Et pour les baser sur les données nouvelles
faudrait-il encore démontrer qu'il y a une raison
pour imiter la nature ou pour ne la pas imiter. Or,
cette démonstration est impossible. Nous avons en
morale toutes sortes de bonnes raisons pratiques pour
agir, tantôt suivant la première manière et tantôt
suivant la seconde.

· ·
·

Mais ce n'est pas tout. La liaison de la morale et
de la philosophie pure constitue historiquement
pour cette dernière le plus redoutable des dangers.

Chaque fois qu'un système moral basé sur une philosophie est devenu abusif en des altérations successives, il a fallu pour le détruire saper en même temps la philosophie qui lui servait de base et déraciner des esprits les données de haute conscience que l'habitude et l'éducation rattachaient involontairement à des conceptions gouvernementales devenues tyraniques.

Nous avons vu que le fond même de la plus vieille philosophie du monde était infiniment supérieur. C'était en vue de justifier les castes que très probablement les prêtres avaient ajouté à la conception d'une substance universelle celle d'une émanation hiérarchique des formes.

De même qu'en sa théorie du monisme Haeckel, parle des joies suprêmes de la conscience comme un moyen d'acheminement vers le bonheur, de même le monisme hindou mettait le bonheur dans la contemplation philosophique du monde. Et l'on ne saurait douter que c'est par la suite et en vue de l'abêtisse ment social que les religions ont fait de cette contemplation la tendance à l'anéantissement.

Voilà donc constituée sur la base d'une philosophie parfaitement athée, la religion si douce du brahmanisme dans un but gouvernemental comme toutes les religions et afin d'unir morale et sociologie à la philosophie pure

Malgré sa supériorité sur les religions qui vien-

dront ensuite le brahmanisme comme le catholicisme justifie les différences sociales. Par ses altérations successives il devient pour les peuples un
pesant fardeau. C'est le moment de saper religion et
morale pour sortir les foules de l'abêtissement où
elles croupissent.

Respectera-t-on le fond supérieur de la philosophie sur laquelle le brahmanisme s'est édifié ? Nullement. Les cerveaux par le fait de l'éducation revien-
draient d'eux-mêmes aux applications religieuses
premières si la philosophie restait indemne.

C'est alors que survient Capilo qui substitue le
dualisme au *monisme*. Et du principe unique de
substance universelle, il tire le principe esprit et le
principe matière, plusieurs siècles avant Platon.

Et comme malgré cela, l'influence du syncrétisme
est encore trop puissante 'un autre philosophe,
Gotama, divise l'âme universelle en une infinité
d'âmes et le corps universel en une infinité de corps
créant ainsi, peut-être avant Leucippe, Démocrite et
la chimie moderne, ce qu'on est convenu d'appeler
aujourd'hui l'atomisme.

Maintenant le vieux syncrétisme hindou s'est effon-
dré. Les hommes de progrès peuvent dormir tran-
quilles. Tout sera pour le mieux dans le meilleur des
mondes. Mais les philosophes ont compté sans les
prêtres. Il faut, une autre fois, dans le seul but de
gouverner les foules, unir la morale à la philosophie.

Alors qu'arrive t-il ? Les religions s'emparent du dualisme comme elles s'étaient assimilé le monisme. Et sur la conception de Capilo s'érigent une à une, toutes les religions mille fois plus cruelles que le brahmanisme dans leurs résultats sociaux, où il y a un diable et un bon Dieu, de la religion de Zoroastre à la religion de Jésus Christ.

Bien des siècles se sont écoulés depuis cette époque. Mais l'histoire est un éternel recommencement. Nous sommes à l'aurore d'une évolution nouvelle. La religion chrétienne a fait son temps. Au lieu de semer l'amour elle a répandu la haine. Il faut la détruire. C'est une religion dualiste. Et que faisons nous ? Nous retournons tout simplement au monisme.

* * *

Après cela, on se demande quel besoin ont certains esprits de vouloir greffer sur la science une morale égalitaire puisqu'avec autant d'ingéniosité on pourrait en tirer une morale toute opposée comme Hobbes en a donné l'exemple.

Il n'y a aucune logique à s'inspirer des découvertes de la chimie moderne pour énoncer cette maxime que la solidarité est un devoir social et qu'il ne faut pas faire aux autres ce qu'on ne voudrait pas qu'on nous fît.

Ceux, au contraire, qui désirent que les revendi-

cations sociales s'accomplissent par aggression n'ont
nul besoin d'invoquer pour cela les théories de
Darwin. Car il n'est pas inscrit au fronton du ciel :
« Imitez la nature ! »

Ils n'ont qu'à clamer tout simplement comme
Baudelaire pour ne pas dire comme Bismarck : « La
force est la suprême justice » sans hypocrisie religieuse ou philosophique

On peut même édifier une morale mixte sur la
voie des intérêts communs : « Aimez ceux qui ont
intérêt à vous aimer, haissez ceux que vous avez intérêt à haïr. »

Mais de toute manière, la morale ne doit pas avoir
d'autres bases que l'humanité. Le mal et le bien sont
relatifs à nous-mêmes. Et hors de nous mêmes il n'y
a ni mal ni bien.

⁂

La science ne saurait donc prétendre substituer aux
dogmes religieux des dogmes philosophiques pour
en étayer la morale. Elle nous montre au contraire
que « le *sentiment du devoir* chez l'homme ne repose pas sur un *impératif* catégorique illusoire mais
sur le *terrain réel des instincts sociaux* que nous trou-
vons chez tous les animaux supérieurs vivant en
société. » Elle reconnait « comme but suprême de la
morale, d'établir une saine harmonie entre l'égoïsme
et l'altruisme, entre l'amour de soi et l'amour du
prochain. »

Il faut admettre de la même manière que les lois
de cette harmonie peuvent différer suivant les
peuples, les temps, les milieux, les circonstances et
les croyances acquises.

Spencer admet l'équivalence de l'égoïsme et de
l'altruisme. C'est un devoir de s'aimer soi-même
comme c'est un devoir d'aimer son prochain. Ce serait un abus de n'aimer que soi et contre nature de
n'aimer que son prochain. Haeckel dit à son tour :
« Si l'homme veut vivre dans une société bien or-
donnée et bien s'y trouver il ne doit pas seulement
rechercher son propre bonheur mais aussi celui de
la communauté auquel il appartient et celui de ses
proches, lesquels constituent cette association sociale. Il doit reconnaitre que leur prospérité fait la
sienne et leurs souffrances les siennes. Cette loi
sociale fondamentale est si simple qu'il est difficile
de comprendre qu'on la puisse contredire, théori-
quement et pratiquement, et cependant cela se produit aujourd'hui encore ainsi que depuis des années,
cela s'est produit. »

En revanche le mépris de soi-même professé par le
Christianisme est une dangereuse erreur. « L'individu
cérébral, le moi pensant a la charge et la responsa-
bilité des cellules organiques qui constituent son
corps. S'il oublie un instant son devoir de souverain
directeur sur l'association qu'il commande, la nature
par la voie de la souffrance matérielle se charge de

le lui rappeler. On ne peut mieux comparer l'individu dans la société civile qu'à un vice-roi chargé de gouverner une part d'un royaume dont l'administration supérieure est l'Etat. tandis qu'il est lui-même l'Etat gouvernemental pour son propre corps Il y a toutefois cette différence entre la société animale et la société cellulaire c'est que l'une est composée d'individus libres et qui souffrent de ne pas l'être, tandis que la seconde est composée d'individus liés matériellement et psychiquement entre eux et qui souffrent de la rupture de leur liaison. Les premiers n'ont aucun moyen de transmettre leur souffrance à leurs gouvernants et le régime démocratique est celui qui leur convient. Les seconds sont en si étroite communion de joie et de déplaisir avec leur organe directeur qu'ils peuvent s'abandonner en toute confiance à sa domination qui leur est nécessaire et le système hiérarchique leur est naturel. Il est impossible de ne pas tenir compte de ces deux contraires quand on compare la société organique à la société humaine. Elles ne sont pas semblables et leur imposer le même principe de gouvernement c'est les détruire toutes deux » (1).

Ce qui caractérise précisément la plupart des religions dogmatiques c'est leur mode contre nature de gouvernement. Elles prétendent gouverner l'associa-

---

(1) Stéphane Servant : *Essai de philosophie scientifique.*

tion libre aussi étroitement que le corps par un cerveau, ce qui constitue le despotisme. Elles professent en revanche le mépris du corps auquel est indispensable le gouvernement du cerveau, ce qui constitue une monstruosité.

Mépris du corps, mépris de la nature, mépris de la civilisation, mépris de la femme il ne leur reste de l'admiration que pour un Dieu imaginaire et pour un monde aléatoire dont nul jamais n'est revenu pour en raconter quelque chose, si bien que le monde palpable est totalement oublié par elles.

En ce sens, les religions dogmatiques sont des vestiges de la barbarie du passé.

Au contraire d'elles qui ont posé en principe l'annihilissement de l'individu social, la religion rationnelle de l'avenir fera aimer la vie.

Elle ennoblira les individus. Elle les fera s'unir pour mieux vivre. Elle les rajeunira dans les eaux lustrales de la vérité. Elle solennisera leur labeur si modeste soit-il. Elle leur fera comprendre que le bonheur consiste à vivre radieusement toute la vie. Elle augmentera leur savoir, elle éclairera leur conscience pour que leur existence en soit plus haute, plus belle, mieux remplie. Elle établira la loi de l'initiative maximum individuelle dans le minimum d'obligations sociales. Elle diminuera le nombre des devoirs pour augmenter celui des droits.

L'homme ainsi sera plus heureux, plus beau, de-

viendra meilleur. Sa valeur intellectuelle sera le ré-
pondant de sa valeur morale. Semons de la lumière
et l'ombre s'évanouira.

« Ce qui soude l'homme à l'homme, dit Clémen-
ceau (1), ce n'est plus la croyance effritée en l'an-
tique chimère, c'est le commun labeur pour savoir,
pour s'entr'aider dans la peine de vivre, pour réaliser
par la solidarité organisée la grande parole que le
roi bouddhiste Açoka-Piyadasi grava sur la pierre il
y a plus de deux mille ans : « La religion, c'est un peu
moins de mal dans l'humanité. »

.•.

Mais sera-t-il possible d'abord, en laissant à chacun
sa liberté de pensée, d'obtenir une unité suffisante
de la conscience humaine pour la diriger vers un
même but ?

C'est ici que ressort avec évidence l'utilité de la
séparation de la morale d'avec la philosophie pure.

Suivant les méthodes du passé, l'entente sur les
questions cosmogoniques et psychiques serait nécessaire au fondement de la morale. Rien n'est pour-
tant moins certain !

Prenons l'une des formes quelconques de ce que
nous avons appelé sentiment religieux : religion du
vrai, religion du bien, religion du beau, cette der-

(1) *Le grand Pan.*

nière, par exemple, c'est-à-dire la forme esthétique du sentiment religieux.

Depuis que le monde est monde, y a-t-il jamais eu une formule du beau qui puisse être érigée en dogme et qui découle d'une vérité préformée, inattaquable, inaltérable ? Non. Mais de tous temps il y a eu des artistes, des poètes, des esthètes en face des barbares, des esprits vulgaires et des ignorants.

Malgré la diversité des formules d'art dont se recommandaient les premiers il y a toujours eu une unité de conscience esthétique entre eux dans l'admiration du beau sous toutes ses formes.

Pourquoi n'en serait-il pas de même dans la religion du vrai et dans la religion du bien ?

Est-ce que malgré leurs différentes manières de penser les esprits libres ne communieront pas toujours entre eux en regard de l'ignorance, de l'intolérance et de la superstition ?

Est-ce que la bonté sincère, quelle que soit la forme dont elle se recommande, ne se reconnaîtra pas de l'hypocrisie, de l'oppression et de la cruauté ?

.·.

Ayant fait ces restrictions qui nous sont propres sur la manière de comprendre l'unité de conscience morale dans la religion du Vrai, du Bien et du Beau nous continuerons à suivre Ernest Haeckel dans ses recherches sur ces trois fonctions de toute élévation morale.

IDEAL DE LA VÉRITÉ

« La vérité pure ne se peut trouver que dans la connaissance de la nature et les seules routes qui peuvent servir à y conduire sont l'observation et la réflexion, l'étude empirique des faits, la connaissance conforme à la raison de leurs causes efficientes.

C'est ainsi qu'on peut arriver au moyen de la raison pure à la science véritable, trésor ¡le plus précieux de l'humanité civilisée. Par contre, on doit écarter toute prétendue révélation, toute croyance fantaisiste qui affirme connaître par des procédés surnaturels des vérités que notre raison ne suffit pas à découvrir Et comme tout l'édifice des croyances de la religion judéo-chrétienne, ainsi que de l'islamisme et du bouddhisme, repose sur de pareilles révélations prétendues — comme en outre ces produits de la fantaisie mystique sont en contradiction directe avec la connaissance empirique et claire de la nature — il est donc certain que l'on ne peut trouver la vérité qu'au moyen de la raison travaillant à construire la véritable science, non au moyen de l'imagination fantaisiste aidée de la croyance mystique.

« Sous ce rapport il est absolument certain que la conception chrétienne doit être remplacée par la philosophie moniste. La déesse de Vérité habite le temple de la nature, les vertes forêts, la mer bleue, les monts couverts de neiges ; — elle n'habite pas

les sombres galeries des cloîtres, ni les étroits cachots
des écoles de convicts, ni les églises chrétiennes par-
fumées d'encens. Les chemins par lesquels on se
rapproche de cette sublime déesse de la Vérité et de
la Science sont l'étude faite avec amour de la nature
et de ses lois, l'observation du monde infiniment
grand des étoiles au moyen du télescope, du monde
cellulaire infiniment petit au moyen du microscope ;
mais ce n'est ni par d'ineptes exercices de piété, de
prières murmurées sans penser, ni par les deniers
de Saint-Pierre ou les pénitences en vue d'obtenir
des indulgences. Les dons précieux dont nous favo-
rise la déesse de la Vérité sont les splendides fruits
de l'arbre de la connaissance et le gain appréciable
d'une claire conception unitaire de l'Univers — mais
ce n'est ni la croyance au miracle surnaturel ni le
songe creux d'une vie éternelle (1) ».

IDÉAL DE LA VERTU

En ce qui concerne l'idéal de la vérité nous
avons cité textuellement pour bien démontrer qu'en
tout esprit rationnel la conception du sentiment religieux, tel que nous l'avons défini, est l'opposé du
dogmatisme.

Pour l'idéal de la vertu Haeckel constate que la

(1) Ernest Haeckel.

notion rationnelle du bien est la même dans le rationnalisme et dans le christianisme originel qu'il ne faut pas confondre avec le catholicisme qui n'en est que la caricature.

D'ailleurs la *Règle d'Or* qui résume les commandements en une seule proposition : « Aimez-vous les uns, les autres. Ne fais pas à autrui ce que tu ne voudrais pas qu'on te fît » est antérieure de plusieurs siècles au christianisme.

De plus la doctrine chrétienne même originelle a commis une grande faute en ne faisant un commandement que de l'altruisme. La raison fait consister la vertu parfaite « dans un juste équilibre entre l'amour du prochain et l'amour bien entendu de soi. »

IDÉAL DE LA BEAUTÉ

La doctrine de l'Eglise catholique était l'antipode de l'esthétique. Elle consistait dans le mépris de la nature, l'éloignement de ses charmes inépuisables, l'abstention de toute forme d'art.

Si elle eut été suivie, le monde ne serait pas sorti de la barbarie. Mais les princes de l'Eglise et les papes qui notamment étaient pour la plupart de profonds athées et de grands débauchés eurent l'habileté de se servir de l'art pour rehausser le prestige des pompes religieuses. C'est là l'origine des fastes d'architecture et de décoration religieuse aussibien que des compositions musicales de plain-chant dont certaines sont de purs chefs-d'œuvre.

Le contre-pied de cet art chrétien serait un art qui se servirait des motifs de la nature si riche dans ses procédés. C'est la conception esthétique d'Aristote. Pour nous, nous disons que l'imitation ou l'interprétation de la nature peut être élargie jusqu'à l'idéalisation, selon les vues de Platon. D'ailleurs la religion du Beau n'a pas de formule. L'idée fait partie de la nature. Hugo a dit : «La nature plus l'humanité élevées à la seconde puissance donne l'art. »

* *

Après avoir défini les trois formes transcendantes de l'idéal humain sur lequel le sentiment religieux peut reposer ses aspirations l'auteur des *Enigmes de l'Univers*, aborde la question des manifestations cultuelles. Mais il n'étudie que la question des édifices religieux.

Pour lui, les temples, pagodes de l'Asie, temples grecs antiques, protestants et modernes, cathédrales catholiques, mosquées d'Egypte, toutes ces « maisons de Dieu » sont des asiles où l'homme s'élève au-dessus des misères et de la prose de la vie réelle.

L'homme en possession d'une haute culture intellectuelle n'a pas besoin d'église pour borner l'horizon de sa poésie. Son temple c'est la nature qui n'offre pas de limite à l'immensité.

Malgré cela, Haeckel comprend le besoin particulier de bien des hommes qui rêvent de temples bien ornés ou de lieux clos de recueillement. Il envisage le fait que depuis le xvi⁰ siècle le papisme a dû céder de nombreuses églises à la réforme et que plus tard un grand nombre d'églises passeront aux libres communautés du monisme. (1)

*
* *

Un jour de cet été nous admirions les beautés gothiques de la cathédrale de Bourges avec Gustave Charpentier. (2) Nous étions dans la nef, sous l'imposante forêt des colonnades élégantes et fières, si légères qu'elles semblent vouloir monter jusqu'au ciel. Devant l'harmonieuse perspective qu'elles forment, nous nous taisions comme accablés de beauté.

Emu, l'illustre compositeur laissa tomber ces paroles tremblantes : « Voici le temple qu'il faudrait pour nos cérémonies laïques Ah ! les belles fêtes d'allégresse et de vie que nous y donnerions !

---

(1) Le peu d'éloquence de sa conclusion montre bien qu'Haeckel a voulu ménager le passé et donner des gages de tolérance à l'esprit de la libre Allemagne moins sceptique que nous-mêmes.

(2) Le génial auteur du *Cœur du Poète* et de *Louise*.

Comme on pourrait faire vibrer l'âme du peuple
jusqu'à ce qu'elle s'élève et chante sous ces rêves
de pierre ! Nos chants l'imprégneraient d'une
semence de beauté. Les prières que nous y
dirions seraient des prières d'harmonie, d'amour et
de vérité. Il n'y en aurait pas de plus mélodieuses
sur notre terre de douceur. Nos prières appren-
draient uniquement à aimer la vie. Aimer tout est
là. Le Christ aimait et voulait faire aimer. Il ne fut
pas compris. Dès qu'on aime tout se transfigure. Et
rien n'est indigne de l'amour de l'homme ! »

Et nous avons fait ce rêve prophétique : Demain
tous les cultes, y compris celui de la Raison,
pourront trouver place dans les *Maisons de Dieu*.
Celles-ci serviront tour à tour à toutes les manifestations extérieures de l'âme humaine, à toutes les
pures fêtes de l'art et de la pensée libre.

Un jour il sera donné aux générations nouvelles
d'assister, frémissantes, à la cérémonie populaire si
douloureuse, si humaine, si pathétique d'un couronnement de Muse dans la cathédrale sacrée.

Sous l'immense voûte vers laquelle s'éleva tant
de fois l'insipide marmonnement des vaines litanies
latines, près du glorieux autel d'où furent proférés
les mensonges séculaires sous lesquels l'Eglise
romaine agonise, retentira bientôt le chant triom-
phal de la vie. Car nous pensons avec Hugo que
ceci tuera cela.

.˙.

C'est dans la pratique des faits journaliers qu'il faudrait introduire les manifestations cultuelles du Vrai, du Beau et du Bien. Il ne faut pas compter changer d'un coup la date ou la pratique des fêtes et des cérémonies dites chrétiennes et qui la plupart dérivent de l'antiquité païenne.

Ce que l'Eglise terrorisante et prometteuse n'a pu faire, la Libre Pensée et le Rationalisme conciliant ne l'accompliront pas en un jour.

Mais rien n'empêche les libres penseurs de célébrer à leur manière les fêtes habituelles qui font partie intégrante des mœurs populaires. Déjà la plupart d'entre nous ne célèbrent plus les fêtes, mais les anniversaires. Ils suppriment le mariage religieux et réservent toute la cérémonie au mariage ou à l'enterrement civils. Ceci est bien.

Mais on peut étendre cette réforme à toutes les autres manifestations. Pourquoi ne célébrerions-nous pas dans nos familles, le baptême et la communion laïques? Pourquoi le jour de Pâques ne serait-il pas pour nous l'occasion d'une communion fraternelle de la solidarité, le matin dans un banquet familial et intime, le soir dans une agape nombreuse de citoyens?

Ainsi un à un les hommes deviendraient libres penseurs. Et plus tard la Pâque biblique ne serait plus qu'une tradition comme la franc-maçonnerie de Salomon.

Dans les campagnes il conviendrait d'instituer des vêpres laïques. Elles pourraient avoir lieu le dimanche au moment des offices religieux. Ce seraient des fêtes admirables. On y entendrait des récitations, des lectures, des conférences, des chants. Par la poésie, par la musique et par l'art on exalterait toutes les nobles aspirations de l'âme. Ces solennités célébreraient la vie et la beauté. L'instituteur en serait le principal officiant. Il est tout indiqué pour devenir le nouveau prêtre de la Raison pure.

Rien n'empêche de donner un éclat populaire à la Fête du soleil que célèbrent actuellement les savants, chaque année, la nuit où le soleil ne s'abaisse pas au-dessous de l'horizon.

L'occasion de fêtes historiques comme le 14 juillet, le 22 septembre, de fêtes esthétiques comme le couronnement d'une Muse ne manquent pas.

A quand les fêtes de la Nature, de la Moisson, des Vendanges ? A quand la fête du Travail où toutes les corporations défileront bannière en tête comme à l'inauguration de la statue de Dalou ? A quand le calendrier officiel où les noms des saints seront remplacés par ceux des grands hommes qui doivent être pour nous les seuls dieux ? A quand la fête de l'Amour chaste et glorieux succédant aux

vestiges des folies carnavalesques, dans un rappro-
chement de tous les isolés des sexes : compagnes qui
ne trouvent pas d'époux, époux qui ne trouvent
pas leur compagne véritable et qui les uns et les
autres jouent leur destinée à la loterie d'une ren-
contre vicieuse ?..

Mais laissons là les manifestations extérieures.

*
*

Tout homme ici-bas a la religion de son idéal !
L'idéal commun à tous les hommes dignes de ce
nom, c'est le triple amour du Vrai, du Bien et du
Beau sous toutes leurs formes sincères. C'est cette
trinité qui constitue la religion rationnelle. Appli-
quons-nous à l'édifier par l'exemple. Soyons infiniment justes. Soyons infiniment bons. Et s'il est vrai
qu'une croyance est nécessaire au cœur de l'homme,
croyons au Progrès avec Condorcet, à la Nature
avec Gœthe et Haeckel, aux grands hommes avec
Carlyle.

Un jour viendra où sur toute la terre il n'y aura
plus qu'un temple et qu'une religion : l'Humanité
dans la justice fraternelle !

Bigny, octobre 1903.

Saint-Amand (Cher). — Imp. Emi. PIVOTEAU et Fils

www.ingramcontent.com/pod-product-compliance
Lightning Source LLC
LaVergne TN
LVHW022154080426
835511LV00008B/1387